KB275102

귀로 듣고 손으로 쓰는
일본어

아이우에오

임명수 하야시토모코 공저

듣고 쓰면서 배우는 일본어 펜맨쉽!!
일본어 글자에 대한 완벽한 설명
이 한권으로 일본어 가나쓰기 완전 정복!

CD포함
특별가
4,800원

語文
學社

들어가면서

본 가나쓰기는 일본어를 초보부터 체계적으로 학습하려는 자를 위하여 만들어졌다. 일본어를 바르게 습득하기 위해서는 가나(かな)의 바른 표기와 정확한 발화(發話)가 기본적으로 갖추어져야 할 것이다.

본 가나쓰기는 이러한 학습조건을 충족시키기 위해 <ひらがな>와 <カタカナ>의 운필(運筆)의 순서에 따른 표기연습과, 음성학 이론을 활용한 발성연습 과정을 두었다. 특히 발성연습에 있어서는 전문 성우인 원어민에 의해 문자와 필수단어의 정확한 발화법을 CD로 제작하여 학습자에게 문자를 알기 쉽게 습득할 수 있도록 유도하였다.

일본어 학습에 있어서 보기, 듣기, 말하기, 쓰기를 동시에 종합적으로 익힐 수 있는 이 교재는 일본어를 제2외국어로 공부하려는 중고생이나 대학생 학습자들에게 어려운 과정을 거치지 않고 일본어 문자와 기본단어를 습득하게 하였다.

본 교재에서는 발음편을 보강하여 더욱 정확한 일본어 문자의 발음을 익힐 수 있도록 하였으니 발음편을 적극 활용하고, 반복해서 들음으로써 일본어와 친숙해지는 계기가 되었으면 한다.

2006년 2월
저자 임명수 · 하야시토모코

차

1장 일본어의 문자와 발음

01 일본어의 문자 —— 08

02 일본어의 발음 —— 14

03 특수음절 —— 24

2장 일본어 쓰기연습

01 あ · ア행 쓰기 —— 38

02 か · カ행 쓰기 —— 44

03 さ · サ행 쓰기 —— 50

04 た · タ행 쓰기 —— 56

05 な · ナ행 쓰기 —— 62

06 は · ハ행 쓰기 —— 68

07 ま · マ행 쓰기 —— 74

08 や · ヤ행 쓰기 —— 80

09 ら · ラ행 쓰기 —— 84

10 わ · ワ행 쓰기 —— 90

11 탁음 · 반탁음 쓰기 —— 94

12 요음 쓰기 —— 97

1장

일본어의 **문자**와 **발음**

일본어의 문자

일본어의 발음

특수음절

❶ 일본어 표기

　일본어는 한자(漢字)와 한자에서 만들어진 가나(仮名)로 표기한다. 가나에는 <히라가나>와 <가따까나>의 두 가지가 있으며 구별하여 사용하는 것이 원칙이다.

　1) 한자(漢字) : <음독>, <훈독>
　2) 가나(仮名) : <히라가나>, <가따까나>

❷ 50음도

　종(縱)으로 모음(母音)을 따라 5자씩, 횡(橫)으로 자음을 따라 10자씩 가나문자(かな文字)를
배열한 문자표이다.

行 段	あ 行	か 行	さ 行	た 行	な 行	は 行	ま 行	や 行	ら 行	わ 行	ん
段 あ	あ a	か ka	さ sa	た ta	な na	は ha	ま ma	や ya	ら ra	わ wa	m
段 い	い i	き ki	し si	ち chi	に ni	ひ hi	み mi	(い) i	り ri	(い) i	n
段 う	う u	く ku	す su	つ tsu	ぬ nu	ふ hu	む mu	ゆ yu	る ru	(う) u	ŋ
段 え	え e	け ke	せ se	て te	ね ne	へ he	め me	(え) e	れ re	(え) e	N
段 お	お o	こ ko	そ so	と to	の no	ほ ho	も mo	よ yo	ろ ro	を (o)	

❸ 히라가나(ひらがな)

　　3~4세기 경, 문자가 없었던 일본인은 중국에서 전래된 한자를 이용하여 일본어로 표현하였다. 그리고 9세기 경에 이르러 <安>→<あ>, <字>→<う>처럼 극도로 간략하게 한 것이 <히라가나>이다. <히라가나>가 만들어진 당시에는 주로 여성들이 사용했는데, 11세기 중엽부터는 남성들도 사적인 기록에 사용하기 시작하여 지금의 현대어 표기문자에 이르렀다.

平假名	あ단	い단	う단	え단	お단
あ행	あ	い	う	え	お
か행	か	き	く	け	こ
さ행	さ	し	す	せ	そ
た행	た	ち	つ	て	と
な행	な	に	ぬ	ね	の
は행	は	ひ	ふ	へ	ほ
ま행	ま	み	む	め	も
や행	や		ゆ		よ
ら행	ら	り	る	れ	ろ
わ행	わ				を

④ 가따까나(カタカナ)

  9세기 초, 승려가 불전연구를 하면서 한자를 생략기호로 사용했던 것이 지금의 <가따까나>로 발전되었다고 전해진다. 예를 들면, <阿>→<ア>, <伊>→<イ>처럼, 생략된 것이 <가따까나>이다.

  지금은 주로 외래어, 고유명사, 강조하는 단어의 표기에 사용되고 있다.

平假名	あ단	い단	う단	え단	お단
あ행	ア	イ	ウ	エ	オ
か행	カ	キ	ク	ケ	コ
さ행	サ	シ	ス	セ	ソ
た행	タ	チ	ツ	テ	ト
な행	ナ	ニ	ヌ	ネ	ノ
は행	ハ	ヒ	フ	ヘ	ホ
ま행	マ	ミ	ム	メ	モ
や행	ヤ		ユ		ヨ
ら행	ラ	リ	ル	レ	ロ
わ행	ワ				ヲ

※ 일본어 문자는 오십음도상의 문자가 기본이지만, 이외에도 탁음 요음 促音(っ) 撥音(ん)을 나타내는 문자가 있으며, 가따까나에서는 장음부호인 'ー'도 하나의 문자이다.

50음도에서 종(縱)으로 읽어 내려가는 것이며, 예를 들어 <か行>의 문자는 <か, き, く, け, こ>이다. 동일한 자음의 문자 모임이라 할 수 있다. 50음도에는 청음의 문자 행이 10개 있고, 탁음과 반탁음의 문자 행은 5개 있다.

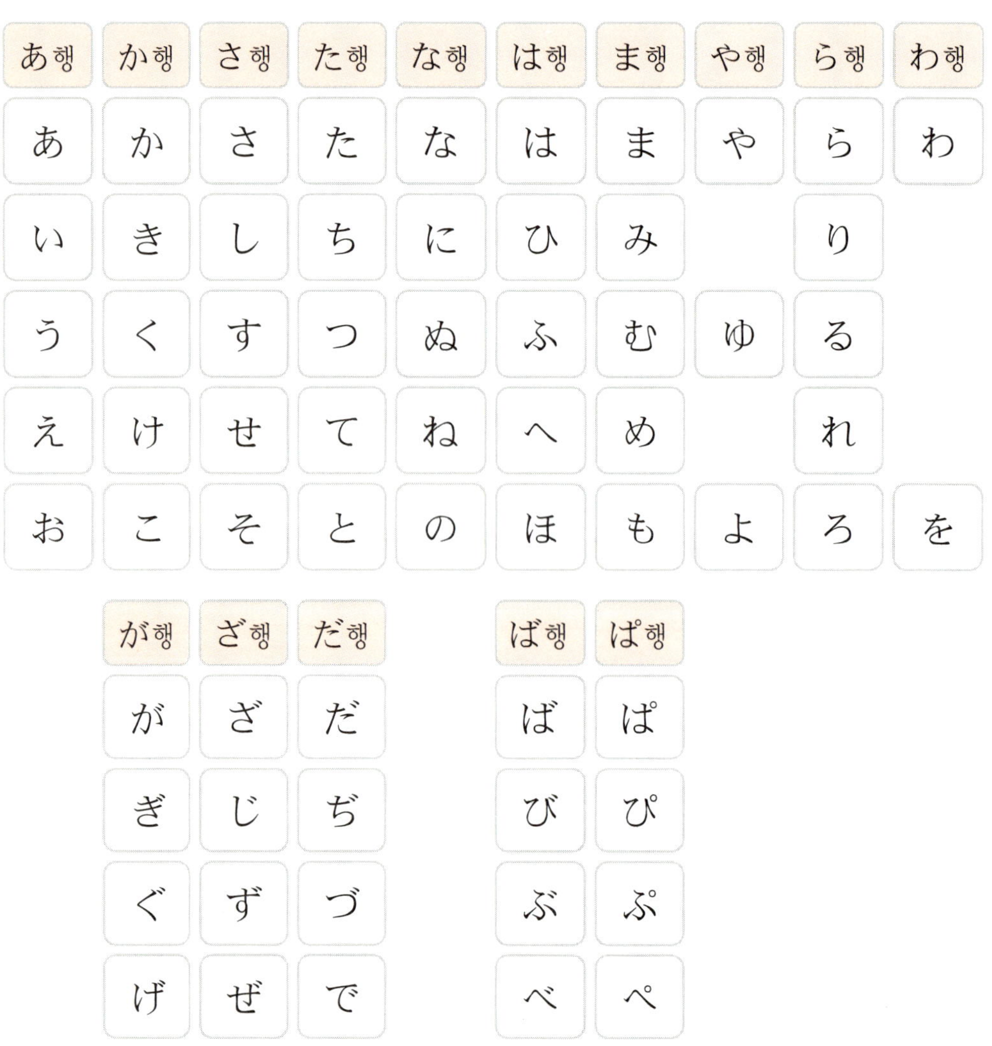

あ행	か행	さ행	た행	な행	は행	ま행	や행	ら행	わ행
あ	か	さ	た	な	は	ま	や	ら	わ
い	き	し	ち	に	ひ	み		り	
う	く	す	つ	ぬ	ふ	む	ゆ	る	
え	け	せ	て	ね	へ	め		れ	
お	こ	そ	と	の	ほ	も	よ	ろ	を

が행	ざ행	だ행		ば행	ぱ행
が	ざ	だ		ば	ぱ
ぎ	じ	ぢ		び	ぴ
ぐ	ず	づ		ぶ	ぷ
げ	ぜ	で		べ	ぺ

50음도에서 횡(橫)으로 읽어가는 것이며, 예를 들어 <あ단>의 문자는 <あ, か, さ, た, な, は, ま, や, ら, わ>이다. 동일한 모음의 문자 모임이라 할 수 있다. 50음도에서 <단>은 5개 있다.

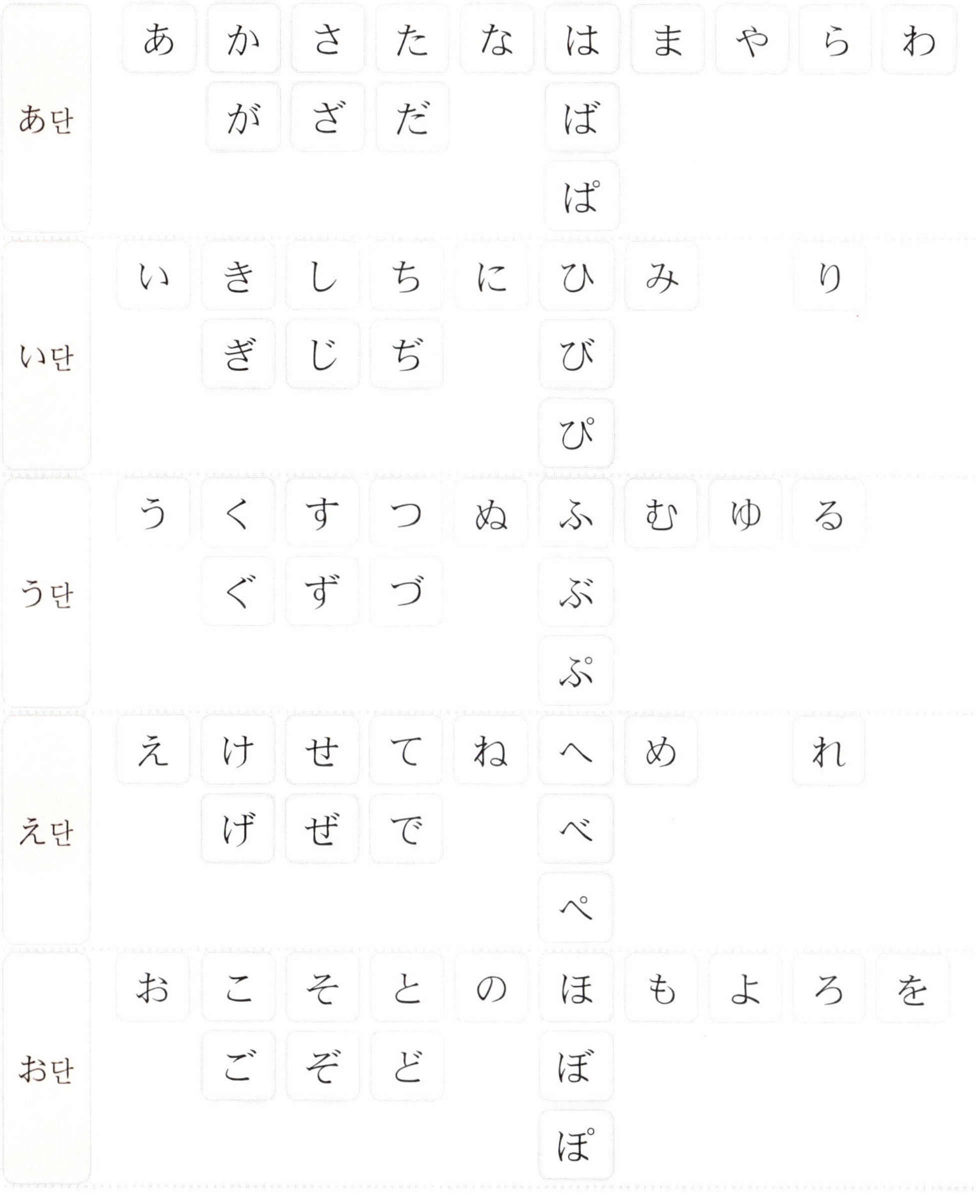

2 일본어의 발음

❶ 일본어 음절의 구조

일본어는 음이 적을 뿐만 아니라, 음절구조도 극히 단순하다. 종류도 「발음」, 「촉음」, 「장음」 이라고 하는 특수음절을 빼면, 다음의 3종류밖에 없다.

음절의 종류	음절의 구조	예
표준음절	자음(C) + 모음(V)	か (k+a)
모음음절	모음(V)	あ (a)
요음음절	자음(C) + 반모음(S) + 모음 (V)	きゃ (k+y+a)

또, 일본어의 음절에는 반드시 모음에서 끝나는 특징이 있다. 이것을 「개음절(open syllable)」 이라고 한다. 그리고 일본어에서는 각 음절이 거의 같은 길이로 발음되는데, 이 같은 등시성을 가진 음절을 「박(拍)」이라고 부른다. 이 「박」의 등시성이야말로 음성 면에서 가장 일본어다움 을 나타내는 특징이다.

「ﾞ」, 「ﾟ」을 붙이지 않고 나타낸다. 「あ, き, て, ほ」등의 44음으로 뚜렷한 발음이다. (현대 일본어에서는 ワ행의 「ヲ」는 「ア행」의 「オ」와 같은 발음을 한다.)

◇ あ행

あ ア	い イ	う ウ	え エ	お オ
あめ 비	いす 의자	うま 말	えき 역	おに 도깨비

◇ か행

か カ	き キ	く ク	け ケ	こ コ
かさ 우산	き 나무	くつ 구두	けむり 연기	こい 잉어

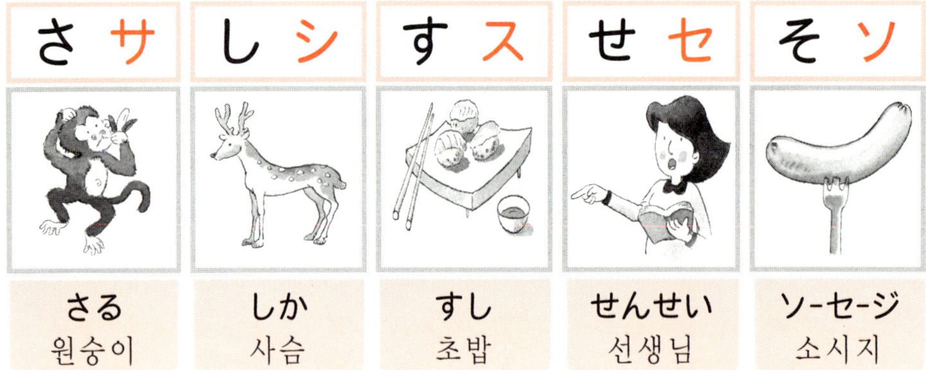

さる	しか	すし	せんせい	ソーセージ
원숭이	사슴	초밥	선생님	소시지

タクシー	ちち	つき	て	とけい
택시	아빠	달	손	시계

なつ	にわ	いぬ	ねこ	ノート
여름	정원	개	고양이	노트

は ハ
ひ ヒ
ふ フ
へ ヘ
ほ ホ
はし
젓가락
ひめ
공주
ふね
배
へび
뱀
ほし
별

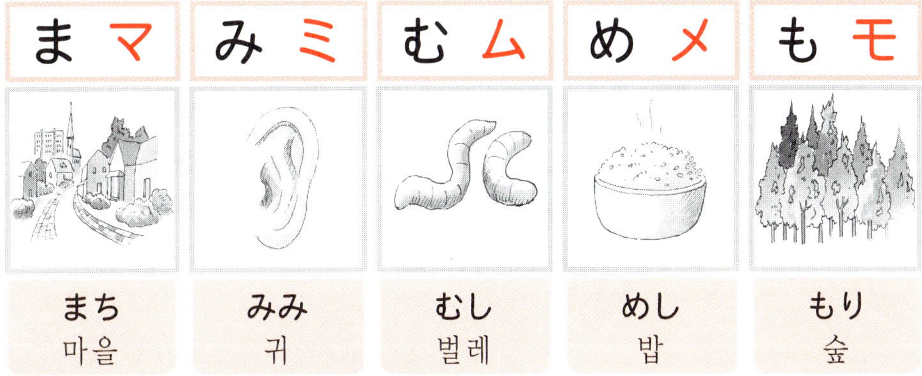

ま マ
み ミ
む ム
め メ
も モ
まち
마을
みみ
귀
むし
벌레
めし
밥
もり
숲

や ヤ
ゆ ユ
よ ヨ
やま
산
ゆめ
꿈
よる
밤

◇ ら행

ら ラ	り リ	る ル	れ レ	ろ ロ
ラジオ 라디오	りす 다람쥐	ルビ- 루비	レモン 레몬	ロボット 로봇

◇ わ행

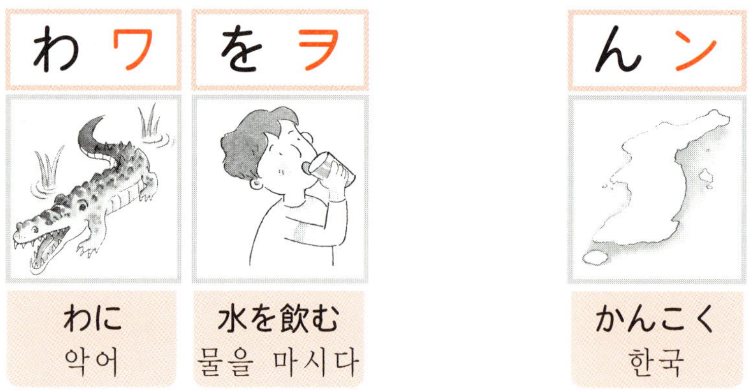

わ ワ	を ヲ		ん ン
わに 악어	水を飲む 물을 마시다		かんこく 한국

청음에 탁음「ﾞ」을 붙여서 나타낸다. ガ, ザ, ダ, バ의 행의 「が, じ, で, ぼ」등의 18음이다. (현대 일본어에서는 ダ행의 「ぢ」「づ」는 각각 「ザ행」의 「じ」「ず」와 같은 발음을 한다.)

◇ が행

が ガ	ぎ ギ	ぐ グ	げ ゲ	ご ゴ
かがみ	みぎ	ながぐつ	げた	たまご
거울	오른쪽	장화	일본 나막신	달걀

◇ ざ행

ざ ザ	じ ジ	ず ズ	ぜ ゼ	ぞ ゾ
ぎょうざ	かじ	すずめ	かぜ	かぞく
만두	화재	참새	바람	가족

だ ダ	ぢ ヂ	づ ヅ	で デ	ど ド

だいがく	はなぢ	かんづめ	でんき	まど
대학	코피	통조림	전기	창문

ば バ	び ビ	ぶ ブ	べ ベ	ぼ ボ

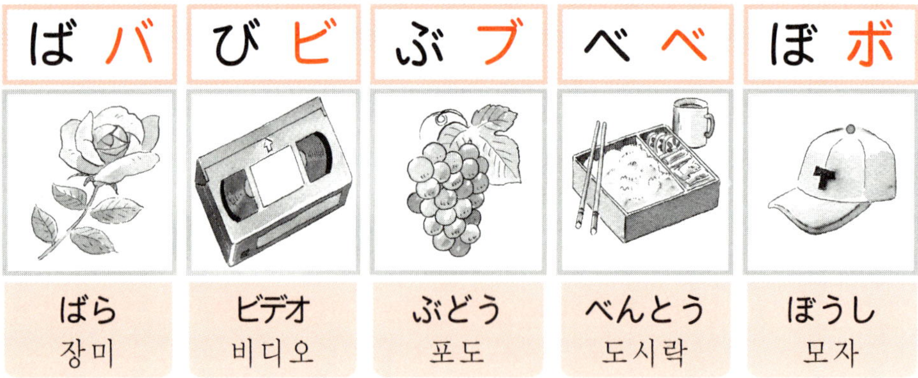

ばら	ビデオ	ぶどう	べんとう	ぼうし
장미	비디오	포도	도시락	모자

청음에 반탁음 「°」을 붙여서 나타낸다. パ행의 「ぱ, ぴ, ぷ, ぺ, ぽ」의 5음이다.

◇ ぱ행

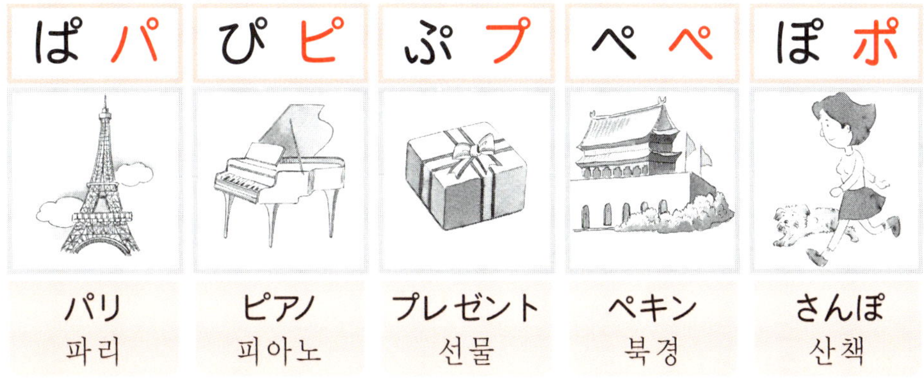

ぱ パ	ぴ ピ	ぷ プ	ぺ ペ	ぽ ポ
パリ	ピアノ	プレゼント	ペキン	さんぽ
파리	피아노	선물	북경	산책

⑤ 拗音(요음)

イ단의 가나 1문자와 작은 「ゃ」「ゅ」「ょ」를 조합시켜서 나타낸다. 「きゃ, ぎゅ, ひょ, しゃ, じょ, じゅ」등의 33음이다.

きゃ	きゅ	きょ	ぎゃ	ぎゅ	ぎょ
きゃく 손님	きゅうり 오이	きょり 거리	ぎゃく 거꾸로	ぎゅうにく 쇠고기	ぎょく 옥
しゃ	しゅ	しょ	じゃ	じゅ	じょ
しゃしん 사진	しゅっさん 출산	しょるい 서류	じゃり 자갈	じゅしょう 수상	じょせい 여성
ちゃ	ちゅ	ちょ	にゃ	にゅ	にょ
おちゃ 차	こんちゅう 곤충	ちょきん 저금	こんにゃく 곤약	にゅういん 입원	にょらい 여래

ひゃ	ひゅ	ひょ	びゃ	びゅ	びょ
ひゃく 백	ヒューズ 퓨즈	ひょう 표범	さんびゃく 삼백	ビューティ 뷰티	びょういん 병원

ぴゃ	ぴゅ	ぴょ	みゃ	みゅ	みょ
ろっぴゃく 육백	コンピュータ 컴퓨터	はっぴょう 발표	みゃく 맥	ミュージカル 뮤지컬	みょうじ 성

りゃ	りゅ	りょ
りゃくず 약도	りゅうがく 유학	りょかん 여관

3 특수음절

❶ 撥音(발음)

「ん」, 「ン」으로 나타낸다. 발음 「ん」은 일본어로는 단독의 음절로서 1음절분의 길이로 발음된다. 한국어의 연음화처럼 모음과 결합하지 않는다.

> 예 　恋愛 (れんあい → 4음절) : 연애

❷ 促音(촉음)

작은 「っ」「ッ」로 나타낸다. 이것은 「つ」라고 발음하는 것이 아니라, 1음절분의 소리를 멈추는 것을 나타낸다.

> 예 切手 (きって → kitte → 3음절) : 우표

촉음 「っ」는 바로 뒤에 오는 음에 따라 [k, t, s, p]로 발음하게 된다. 발음의 길이는 1박(拍)이다. 즉 상술한 바와 같이, 「っ」발음을 한 후에 1음을 발음하는 시간을 소비하고 다음 음으로 넘어간다.

① [k] → 촉음「っ」 뒤에 「か」행의 음이 올 때
> 예 かっこう (각－꼬－, kakkou) : 모양, 모습

② [t][s] → 촉음「っ」 뒤에「さ」,「た」행의 음이 올 때
> 예 あっせん (앗－센, assen 또는 atsen) : 알선

③ [p] → 촉음「っ」 뒤에 「ぱ」행의 음이 올 때
> 예 せっぷく (셒－뿌꾸, seppuku) : 할복

③ 長音(장음)

<히라가나>에서는 장음을 「あ」행으로 표기한다.

① 「あ」단의 음 뒤에 「あ」음이 올 때
　예 おかあさん(오까－상) : 어머니
② 「い」단의 음 뒤에 「い」음이 올 때
　예 おじいさん(오지－상) : 할아버지
③ 「う」단의 음 뒤에 「う」음이 올 때
　예 くうき(구－끼) : 공기
④ 「え」단의 음 뒤에 「い」 또는 「え」음이 올 때
　예 せんせい(센세－) : 선생님 / おねえさん(오네－상) : 누나
⑤ 「お」단의 음 뒤에 「う」 또는 「お」음이 올 때
　예 ぼうし(보－시) : 모자 / おおい(오－이) : 많다

<가따까나>에서는 장음을 장음기호 「－」로 표기한다.
　예 「サークル」, 「スキー」와 같이 나타낸다.

※ 일본어는, 모음이 길고 짧음에 따라 다른 의미로 결정되기 때문에 발음에 주의해야 한다.

　모음은「입 속의 기관에 의해 방해되지 않게 흘러나오는 음」이라고 정의된다. 일본어의 모음으로서는, 혀의 위치와 단계의 입의 작용에 따라「あ(아), い(이), う(우), え(에), お(오)」의 5종류가 있다.

◇ ア행

平假名	あ	い	う	え	お
片假名	ア	イ	ウ	エ	オ
발음	a	i	u	e	o

일본어의 반모음에는 「ヤ」행 음의 [j]와 「わ」의 [w]의 2종류가 있다. [j]는 모음의 [i], [w]는 모음의 [u]와 비슷하지만, [j]나 [w]의 경우는 모음과 같은 길이가 아니고, 바로 다음의 모음으로 옮겨가는 성격을 갖고 있다.

◇ ヤ행

平假名	や	–	ゆ	–	よ
片假名	ヤ	–	ユ	–	ヨ
발음	ya	–	yu	–	yo

◇ わ행

平假名	わ	–	–	–	を
片假名	ワ	–	–	–	ヲ
발음	wa	–	–	–	o

❻ 子音(자음)

자음은 '폐에서부터 나오는 음, 혹은 숨이 폐 안에서 각종 기관에 의해 방해되어, 소음으로서 발생하는 음'이라고 정의된다. 일본어의 표준어의 자음은 23음이며, 다른 언어에 비해 적은 편이다.

◇ カ행[k]

カ행음 [か(가), き(기), く(구), け(게), こ(고)]의 [k]는 혀 뒷부분이 입 천정에 접근되어 발화된다. 파열음이지만, 폐쇄 정도는 그다지 명확하지 않다. 무성음. 정확하게는 [k]와 [g]의 중간 발음이다.

平假名	か	き	く	け	こ
片假名	カ	キ	ク	ケ	コ
발음	ka	ki	ku	ke	ko

カ행 문자가 단어의 두 번째 음절 이후에 올 경우에는 경음화 현상이 일어나 딱딱한 발음이 된다.

예 かるい(가루이) : 가볍다
ねこ(네꼬) : 고양이

◇ ガ행[g]

　ガ행음 [が, ぎ, ぐ, げ, ご]의 [g]는 [k]와 같은 작용으로 발성되지만, 성대가 진동하기 때문에 유성음이 된다. 연음화된 [g]의 발음이다. 한국인이 발음하기 힘든 음이며 또한 한국어 표기로도 불가능하기 때문에 많은 연습이 필요하다.

　ガ행의 음이 두 번째 음절 이후에 올 경우, 비음화된다.

平假名	が	ぎ	ぐ	げ	ご
片假名	ガ	ギ	グ	ゲ	ゴ
발음	ga	gi	gu	ge	go

◇ サ행[s]

　「さ(사), し(시), す(스), せ(세), そ(소)」의 [s]는 혀 앞쪽과 윗잇몸의 안쪽, 혀 앞쪽이 접하여 발성된다. し(시)의 [s]는 윗몸의 뒷부분과 혀 앞쪽이 접하고, 거기서 생기는 좁은 틈을 숨이나 소리가 통과할 때 생긴다. 소리가 거칠게 들리기 때문에 마찰음이라고 불린다. 무성음이다.

平假名	さ	し	す	せ	そ
片假名	サ	シ	ス	セ	ソ
발음	sa	si	su	se	so

◇ ザ행 [z]

ザ행음 [ざ, じ, ず, ぜ, ぞ]의 [z]는 [s]와 같은 작용으로 만들지만, 성대가 진동하기 때문에 유성음이 된다. 한국인이 발음하기 힘든 음이며 또한 한국어 표기로도 불가능하기 때문에 많은 연습이 필요하다.

平假名	ざ	じ	ず	ぜ	ぞ
片假名	ザ	ジ	ズ	ゼ	ゾ
발음	za	zi	zu	ze	zo

◇ タ행 [t][ts]

「た(다), ち(치), つ(쓰), て(데), と(도)」의 [t], [ts]는 혀 앞쪽이 윗잇몸의 뒤쪽에 붙어 있다가 떨어지면서 발성되고, 「つ」의 [ts]는 윗잇몸의 뒷부분에 혀 앞쪽이 접해서 만들어진다. [t]는 갑자기 폭발적으로 발성하는 파열음인데, 「ツ」의 [ts]와 「チ」의 [tʃ]는 파열음으로 시작되어, 마찰음으로 이행하는 자음이다. 「つー」, 「ちー」처럼 길게 늘여서 발음하면, 처음에는 파열음이지만 점차로 마찰음으로 변한다. 무성음이다.

平假名	た	ち	つ	て	と
片假名	タ	チ	ツ	テ	ト
발음	ta	chi	tsu	te	to

정확하게는 [t]와 [d]의 중간 발음이며, 단어의 두 번째 음절 이후에 올 경우, 경음화현상이 일어나 딱딱한 발음이 된다.

예 これ(고레) : 이것
ことば(고또바) : 말

◇ ダ행 [d][dʒ][dz]

ダ행음 「だ, ぢ, づ, で, ど」의 [d], [dʒ], [dz]는 タ행음이 연음화된 것이며, [t], [tʃ], [ts]와 같은 작용으로 발성되는데, 성대가 진동하기 때문에 유성음이 된다. 한국인이 발음하기 힘든 음이며 한국어 표기도 불가능하다.

平假名	だ	ぢ	づ	で	ど
片假名	ダ	ヂ	ヅ	デ	ド
발음	da	zi	zu	de	do

◇ ナ행 [n]

「な(나), に(니), ぬ(누), ね(네), の(노)」의 [n]은 잇몸의 안쪽 부분과 혀끝이 부딪혀서 만들어진다. 또 코로 발화되어 나오는 비음이고, 유성음이다.

平假名	な	に	ぬ	ね	の
片假名	ナ	ニ	ヌ	ネ	ノ
발음	na	ni	nu	ne	no

◇ ハ행[h]

ハ행음 「は(하), ひ(히), ふ(후), へ(헤), ほ(호)」의 [h]는 목에서 발화되며, 「ふ」는 상하 입술
의 좁은 틈에서 숨과 소리가 강하게 통과할 때 발성된다. 무성음이다.

平假名	は	ひ	ふ	へ	ほ
片假名	ハ	ヒ	フ	ヘ	ホ
발음	ha	hi	hu	he	ho

◇ バ행[b]

バ행음 「ば(바), び(비), ぶ(부), べ(베), ぼ(보)」의 [b]는 상하 입술이 닫힌 상태에서, 갑자기
폭발적으로 발성된다. 유성음이고, 정확한 발음은 「바, 비, 부, 베, 보」가 연음화 된 음이다.

平假名	ば	び	ぶ	べ	ぼ
片假名	バ	ビ	ブ	ベ	ボ
발음	ba	bi	bu	be	bo

◇ パ행[p]

　パ행음 「ぱ, ぴ, ぷ, ぺ, ぽ」의 [p]는 상하 입술이 닫힌 상태에서 숨과 소리를 일단 폐쇄시키고, 갑자기 폭발적으로 내뿜는 식으로 발성된다. 무성음이다.

　[ㅃ]과 [ㅍ]의 중간 발음이기 때문에 엑센트의 강약에 따라 [ㅃ]로 들릴 수 있고, [ㅍ]으로도 들릴 수 있다.

平假名	ぱ	ぴ	ぷ	ぺ	ぽ
片假名	パ	ピ	プ	ペ	ポ
발음	pa	pi	pu	pe	po

◇ マ행[m]

　マ행음 「ま(마), み(미), む(무), め(메), も(모)」의 [m]은 상하 입술을 가볍게 닫고, 코에서 소리가 나는 듯이 하여 발성되는 비음이며, 유성음이다.

平假名	ま	み	む	め	も
片假名	マ	ミ	ム	メ	モ
발음	ma	mi	mu	me	mo

◇ ラ행[r]

ラ행음 「ら(라), り(리), る(루), れ(레), ろ(로)」의 [r]은 혀끝이 윗잇몸 안쪽을 가볍게 쳐서
발성된다. 유성음이다.

平假名	ら	り	る	れ	ろ
片假名	ラ	リ	ル	レ	ロ
발음	ra	ri	ru	re	ro

◇ ン[m][n][ŋ]

ん의 [n]은 코에서 소리가 나는 듯이 하여 만들어진 비음이며, 유성음이다. ん은 요음(ゃ, ゅ,
ょ)와 마찬가지로 독립적으로 발음할 수 없고, 다른 문자와 결합되어야 음가가 나타나며, 발음
의 길이는 1박(拍)이다. 그리고 뒤에 오는 음에 따라 [n], [m], [ŋ]의 음으로 발성된다.

① [m] → 「ん」 뒤에 「ま」행, 「ば」행, 「ぱ」행음이 올 때
　　예　かんめい(kammei)：감명 / さんば(samba)：세 마리 / せんぱい(sempai)：선배

② [n] → 「ん」 뒤에 「さ」행, 「ざ」행,「た」행, 「だ」행, 「な」행, 「ら」행음이 올 때
　　예　さんせい(sansei)：찬성 / そんざい(sonzai)：존재 / はんたい(hantai)：반대
　　　　もんだい(mondai)：문제 / あんない(annai)：안내 / かんり(kanli)：관리

③ [ŋ] → 「ん」뒤에 「か」행, 「が」행, 「は」행음이 오거나, 모음, 반모음이 올 때, 또 마지막 음
　　이「ん」일 때
　　예　かんけい(kaŋkei)：관계 / まんが(maŋga)：만화 / ほんや(hoŋya)：서점
　　　　きょねん(kyoneŋ)：작년

❼ 조사 「は, へ, を」의 발음

조사「は」는 「は」라고 쓰고, 「わ」와 동일한 발음을 한다.

조사「へ」는 「へ」라고 쓰고, 「え」와 동일한 발음을 한다.

조사「を」는 「を」라고 쓰고, 「お」와 동일한 발음을 한다.

2장

일본어 쓰기

- あ~わ행 쓰기
- 탁음·반탁음 쓰기
- 요음 쓰기

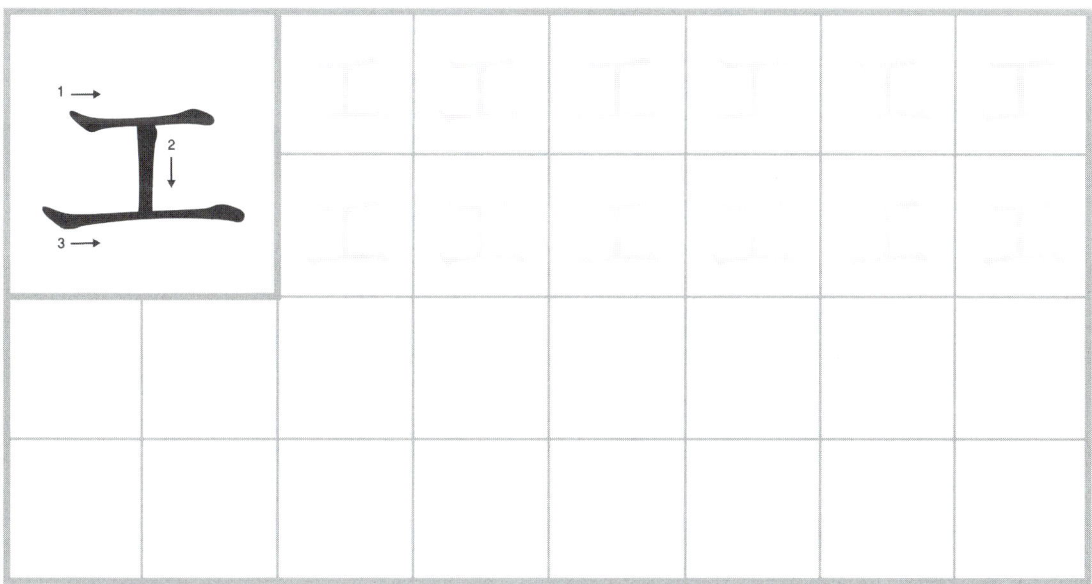

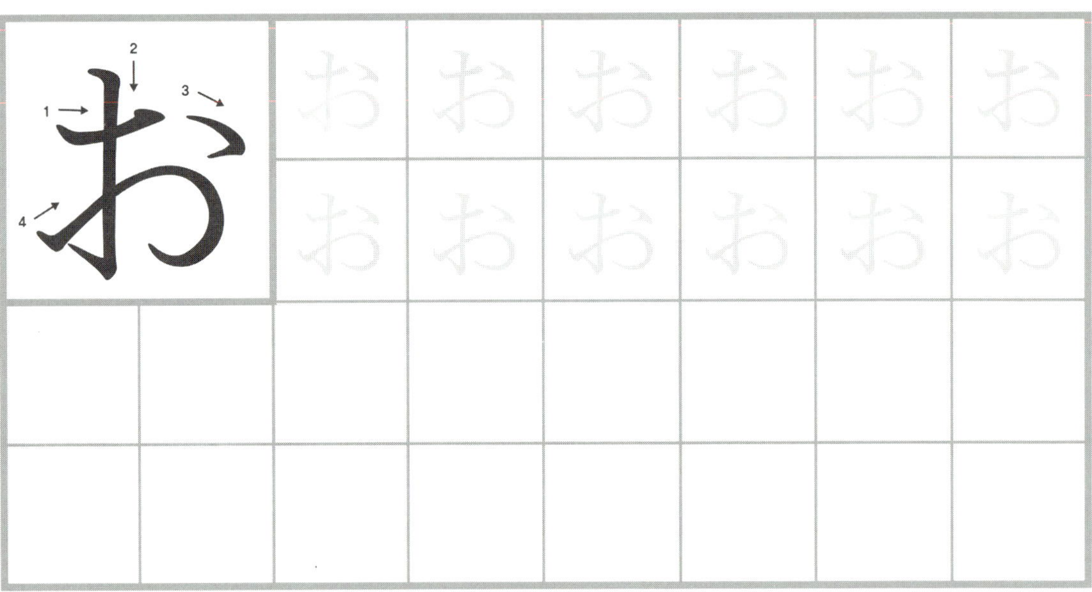

○ 다음 단어를 읽고 써보세요.

あり 개미					
アイス 아이스					
いなか 시골					
インク 잉크					
うみ 바다					
ウインク 윙크					
えいが 영화					
エンジン 엔진					
おんがく 음악					
オレンジ 오렌지					

く・ク [ku]

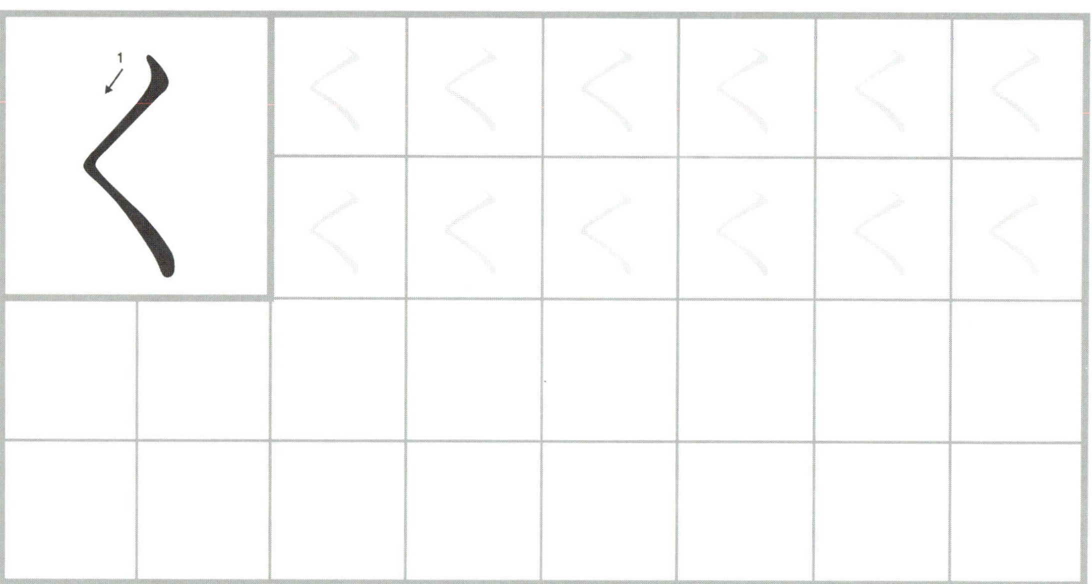

こ

コ

✏️ 단어연습

● 다음 단어를 읽고 써보세요.

かえる 개구리	かえる				
カクテル 칵테일	カクテル				
きく 국화	きく				
キラキラ 반짝반짝	キラキラ				
くも 구름	くも				
クレヨン 크레용	クレヨン				
けが 상처	けが				
ケーキ 케이크	ケーキ				
こえ 목소리	こえ				
コーヒー 커피	コーヒー				

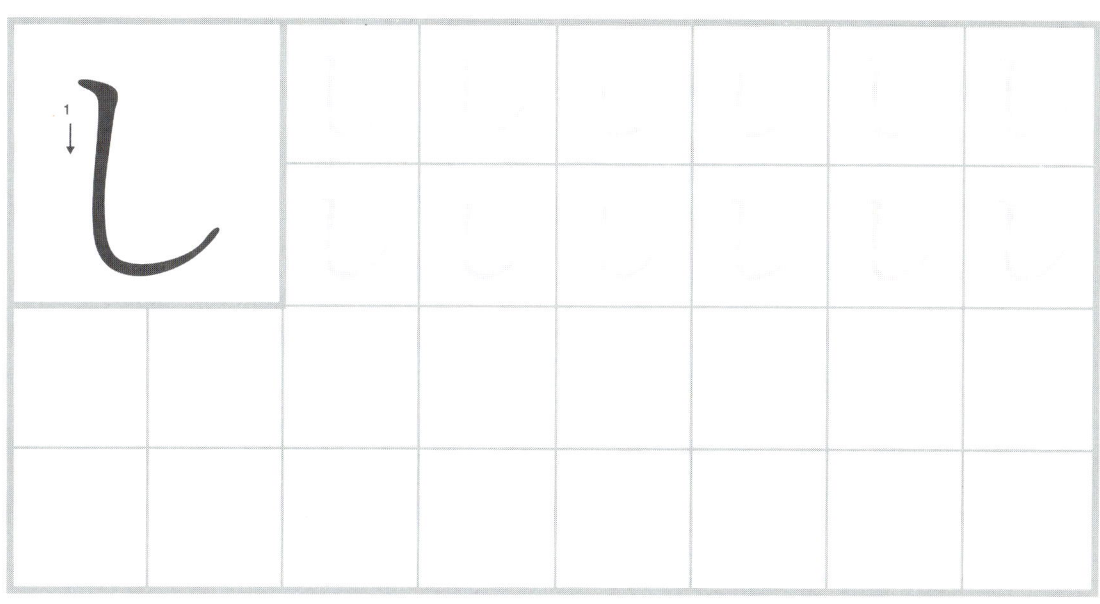

す・ス [su]

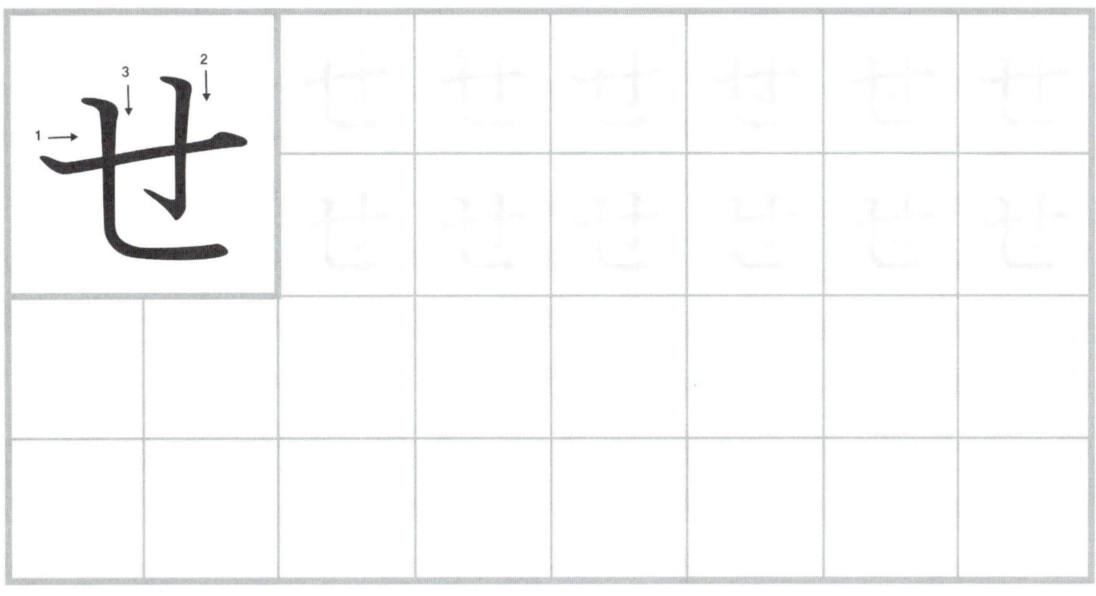

● 다음 단어를 읽고 써보세요.

さくら 벚꽃	さくら				
サラダ 샐러드	サラダ				
した 아래	した				
シャツ 셔츠	シャツ				
すずめ 참새	すずめ				
スポーツ 스포츠	スポーツ				
せかい 세계	せかい				
セーター 스웨터	セーター				
そら 하늘	そら				
ソウル 서울	ソウル				

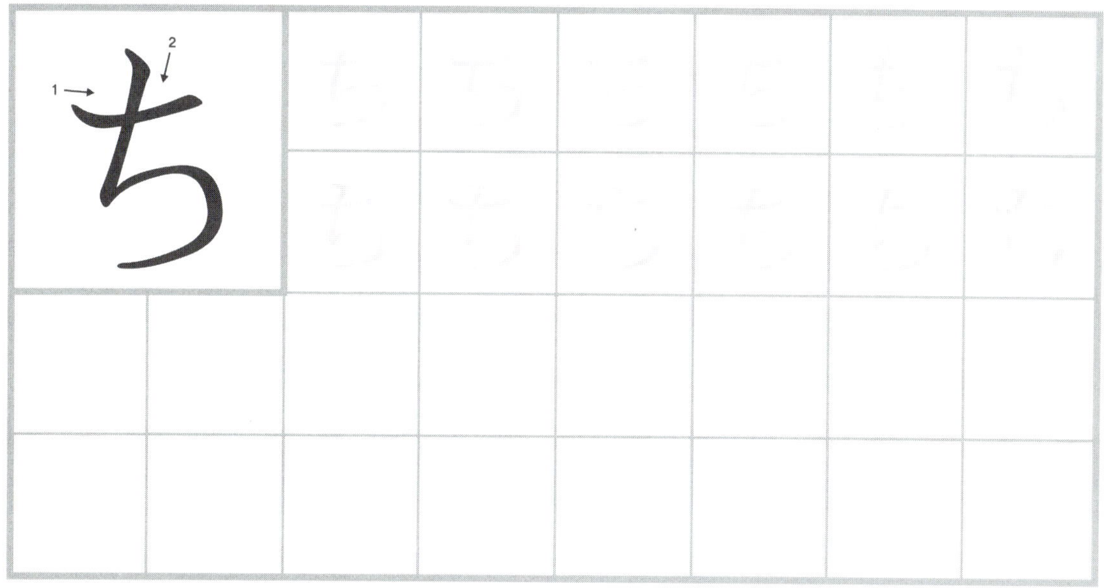

つ・ツ [tsu]

● 다음 단어를 읽고 써보세요.

たけ 대나무	たけ				
タバコ 담배	タバコ				
ちず 지도	ちず				
チーム 팀	チーム				
つくえ 책상	つくえ				
ツアー 투어	ツアー				
てがみ 편지	てがみ				
テレビ 텔레비전	テレビ				
とき 때	とき				
トイレ 화장실	トイレ				

な행 쓰기   **な·ナ** [na]

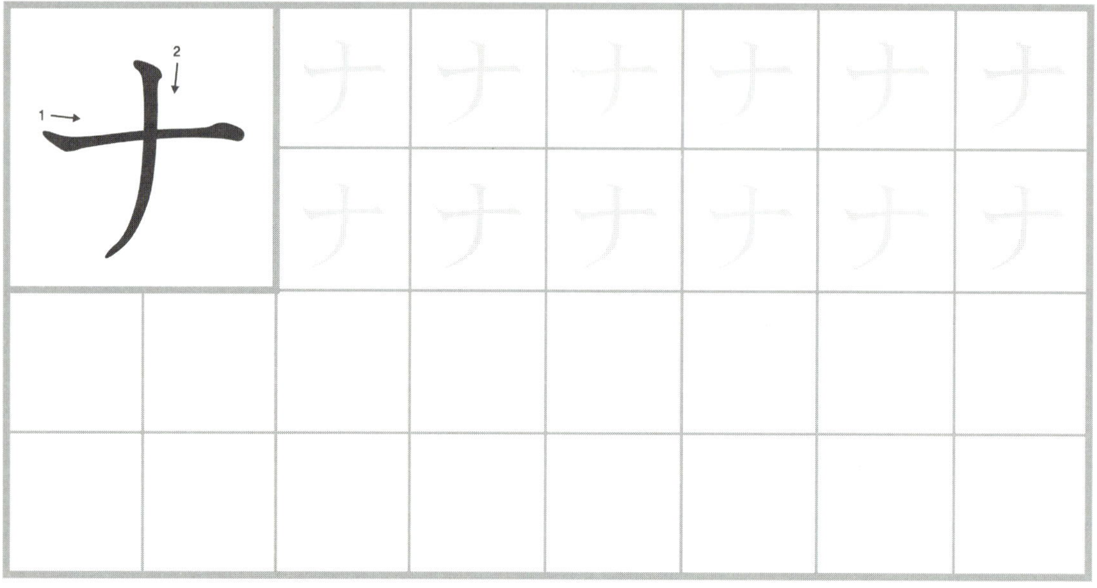

ぬ・ヌ [nu]

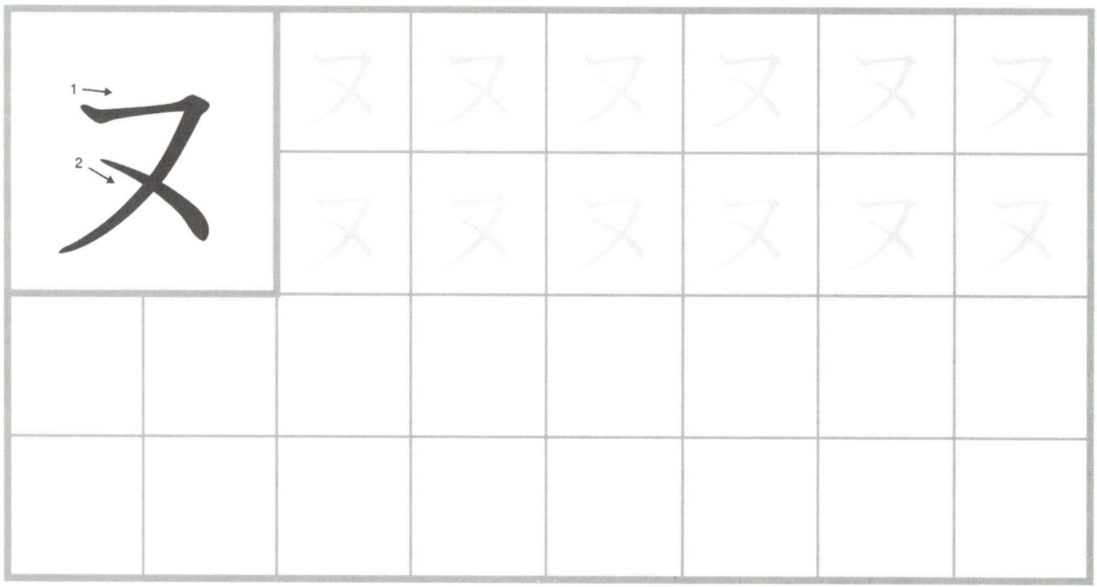

단어연습

다음 단어를 읽고 써보세요.

なか 안·속					
ナイフ 나이프					
にく 고기					
ニュース 뉴스					
ぬま 늪					
ヌード 누드					
ねぎ 파					
ネクタイ 넥타이					
のり 김					
ノック 노크					

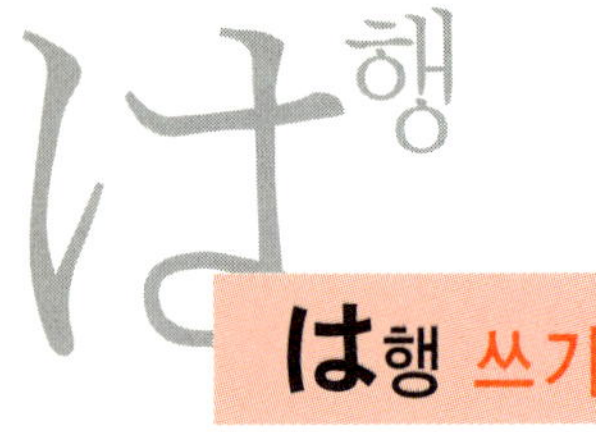

は

ハ

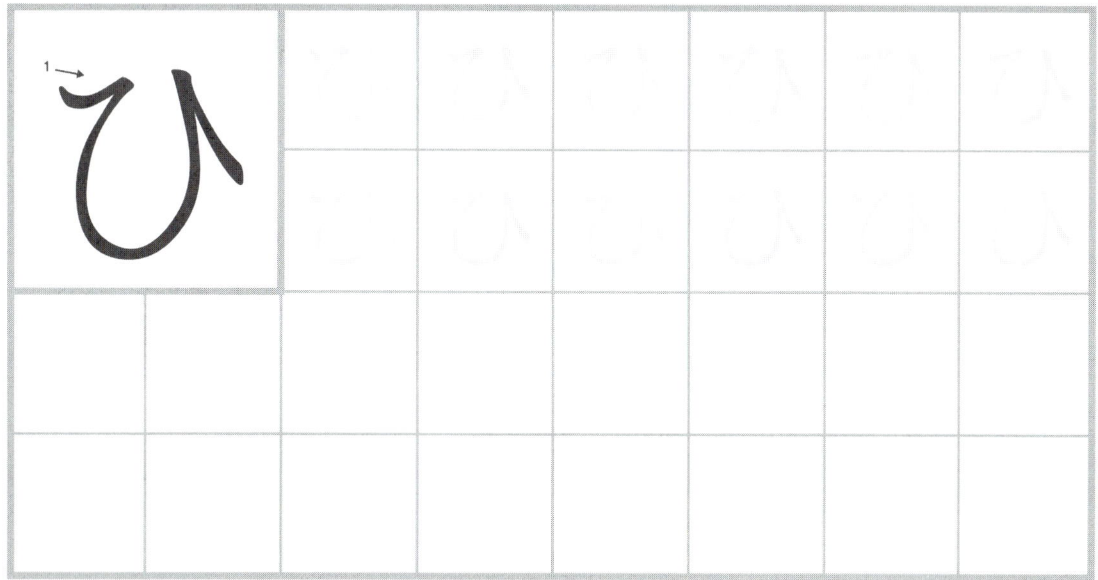

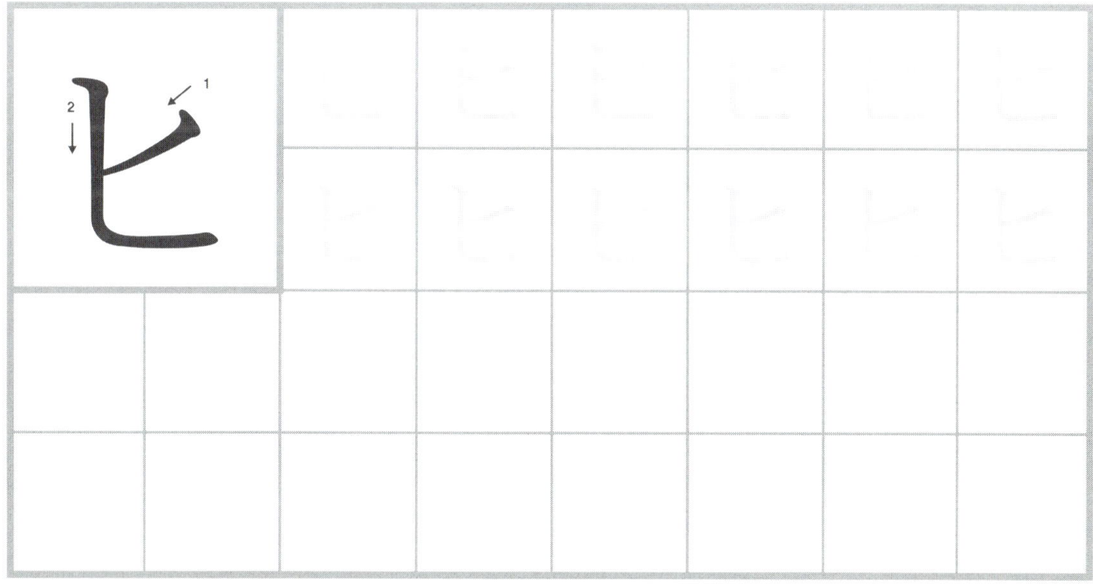

ふ・フ [hu]

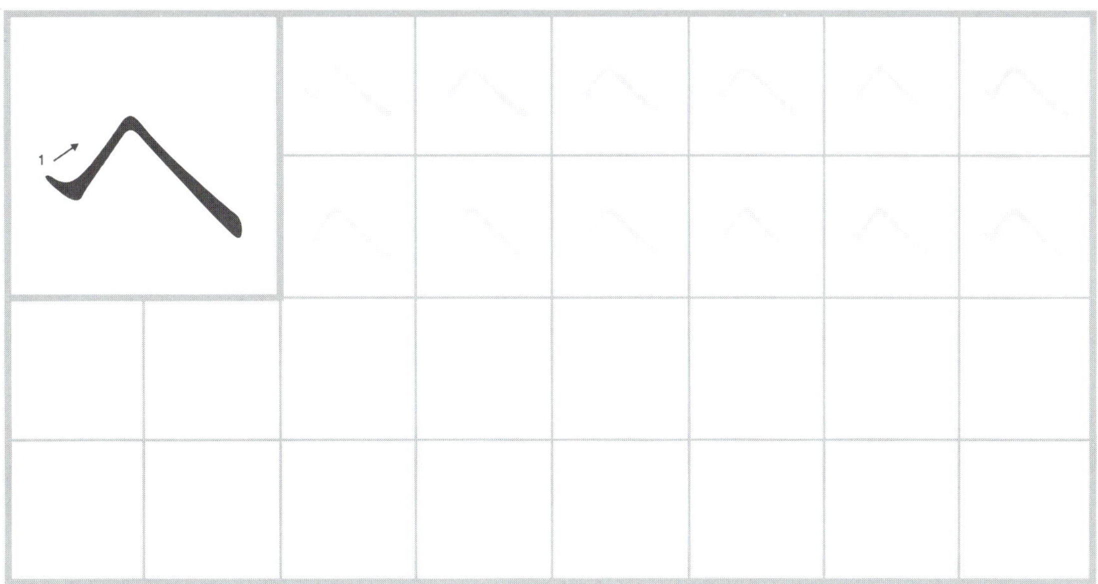

✎ 단어연습

🟠 다음 단어를 읽고 써보세요.

はさみ 가위	はさみ				
ハンサム 핸섬	ハンサム				
ひと 사람	ひと				
ヒット 히트	ヒット				
ふく 옷	ふく				
フリー 프리	フリー				
へや 방	へや				
ヘア 헤어	ヘア				
ほん 책	ほん				
ホテル 호텔	ホテル				

む · ム [mu]

🔸 다음 단어를 읽고 써보세요.

まえ 앞	まえ				
ママ 엄마	ママ				
みらい 미래	みらい				
ミス 미스·실수	ミス				
むね 가슴	むね				
ムービー 무비·영화	ムービー				
めがね 안경	めがね				
メロン 메론	メロン				
もも 복숭아	もも				
モデル 모델	モデル				

일본어 아이우에오

단어연습

다음 단어를 읽고 써보세요.

やくそく 약속	やくそく				
ヤング 어린, 젊은	ヤング				
ゆき 눈	ゆき				
ユニーク 독특함	ユニーク				
よてい 예정	よてい				
ヨット 요트	ヨット				

ら

ラ

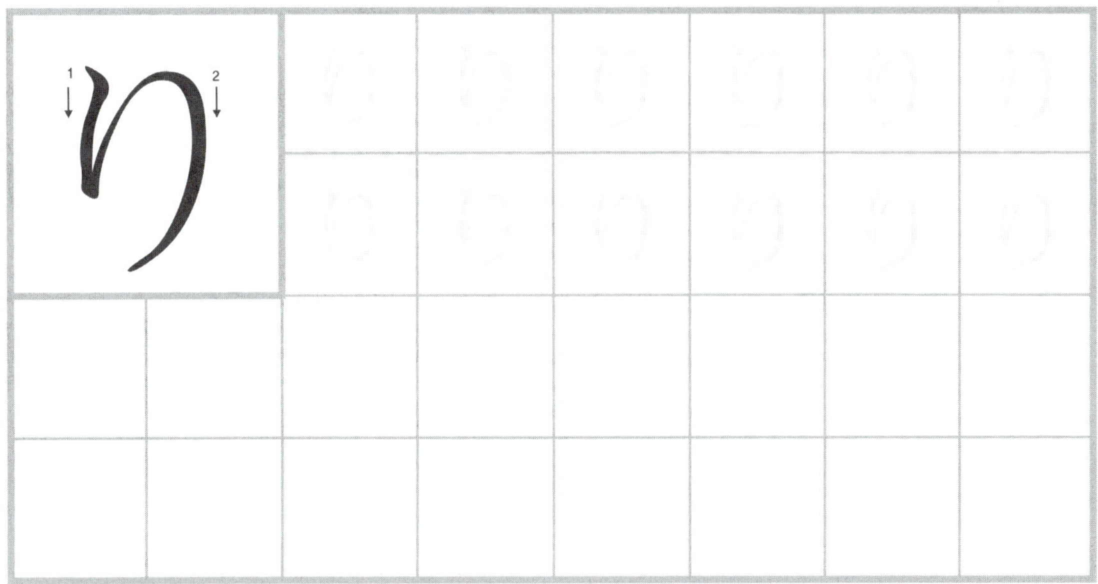

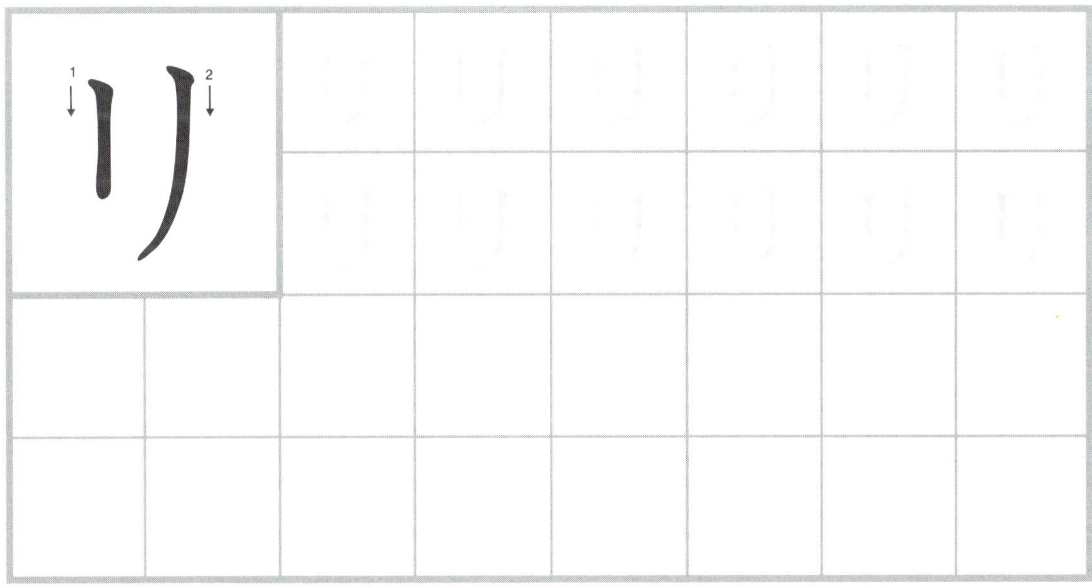

る

ル

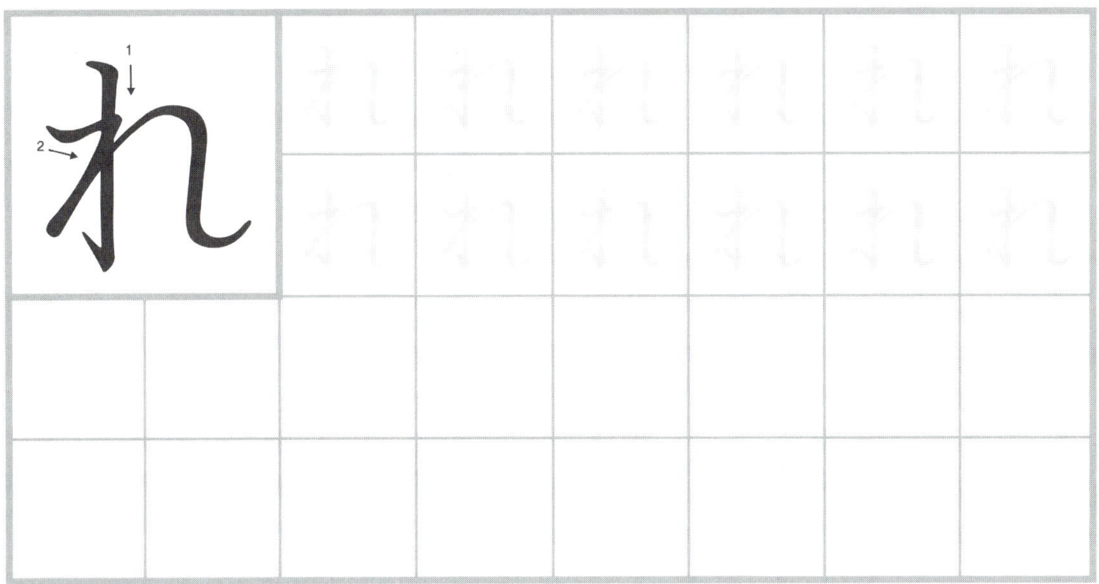

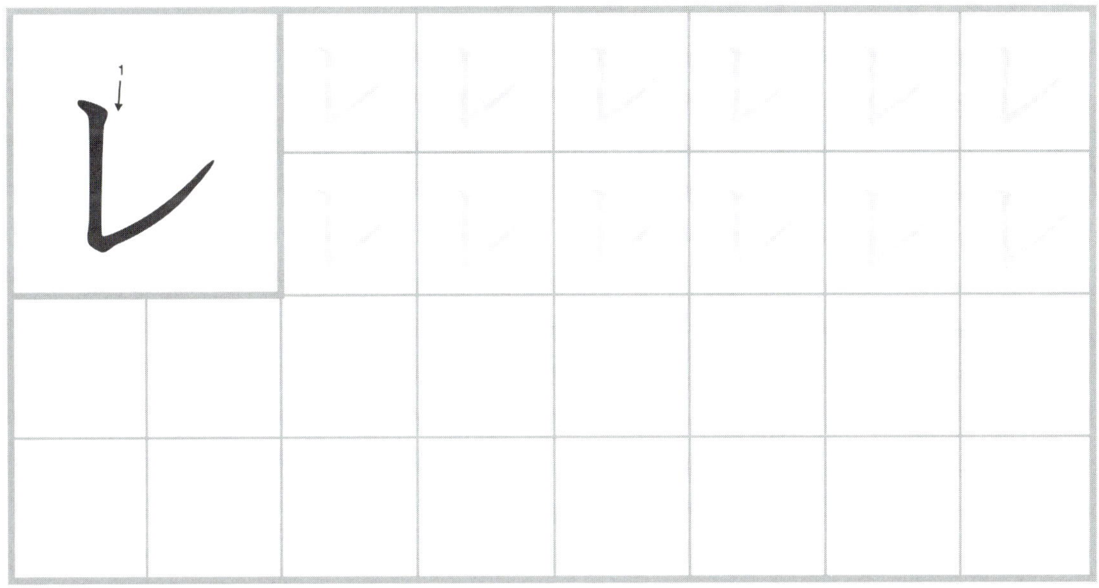

✎ 단어연습

● 다음 단어를 읽고 써보세요.

らいねん 내년	らいねん				
ラーメン 라면	ラーメン				
りょこう 여행	りょこう				
リボン 리본	リボン				
るす 집을 비움	るす				
ルール 룰·규칙	ルール				
れんらく 연락	れんらく				
レポート 리포트	レポート				
ろうか 복도	ろうか				
ロケット 로켓	ロケット				

わ
행

✏️ 단어연습

🟠 다음 단어를 읽고 써보세요.

わたし 나	わたし				
ワイン 와인	ワイン				
えをみる 그림을 보다	えをみる				
にほん 일본	にほん				
パソコン 컴퓨터	パソコン				

が	ぎ	ぐ	げ	ご	ガ	ギ	グ	ゲ	ゴ
ga	gi	gu	ge	go	ga	gi	gu	ge	go

ざ	じ	ず	ぜ	ぞ	ザ	ジ	ズ	ゼ	ゾ
za	zi	zu	ze	zo	za	zi	zu	ze	zo

だ	ぢ	づ	で	ど	ダ	ヂ	ヅ	デ	ド
da	zi	zu	de	do	da	zi	zu	de	do

ば	び	ぶ	べ	ぼ	バ	ビ	ブ	ベ	ボ
ba	bi	bu	be	bo	ba	bi	bu	be	bo

ぱ	ぴ	ぷ	ぺ	ぽ	パ	ピ	プ	ペ	ポ
pa	pi	pu	pe	po	pa	pi	pu	pe	po
ぱ	び	ぶ	べ	ぼ	バ	ビ	ブ	ベ	ボ

きゃ	きゅ	きょ	しゃ	しゅ	しょ	ちゃ	ちゅ	ちょ
kya	kyu	kyo	sya	syu	syo	cha	chu	cho

キャ	キュ	キョ	シャ	シュ	ショ	チャ	チュ	チョ
kya	kyu	kyo	sya	syu	syo	cha	chu	cho

にゃ	にゅ	にょ	ひゃ	ひゅ	ひょ	みゃ	みゅ	みょ
nya	nyu	nyo	hya	hyu	hyo	mya	myu	myo

ニャ	ニュ	ニョ	ヒャ	ヒュ	ヒョ	ミャ	ミュ	ミョ
nya	nyu	nyo	hya	hyu	hyo	mya	myu	myo

りゃ	りゅ	りょ	ぎゃ	ぎゅ	ぎょ	じゃ	じゅ	じょ
rya	ryu	ryo	gya	gyu	gyo	zya	zyu	zyo

リャ	リュ	リョ	ギャ	ギュ	ギョ	ジャ	ジュ	ジョ
rya	ryu	ryo	gya	gyu	gyo	zya	zyu	zyo

ぢゃ	ぢゅ	ぢょ	びゃ	びゅ	びょ	ぴゃ	ぴゅ	ぴょ
zya	zyu	zyo	bya	byu	byo	pya	pyu	pyo
ぢゃ	ぢゅ	ぢょ	びゃ	びゅ	びょ	ぴゃ	ぴゅ	ぴょ

ヂャ	ヂュ	ヂョ	ビャ	ビュ	ビョ	ピャ	ピュ	ピョ
zya	zyu	zyo	bya	byu	byo	pya	pyu	pyo
ヂャ	ヂュ	ヂョ	ビャ	ビュ	ビョ	ピャ	ピュ	ピョ

귀로 듣고 손으로 쓰는 **일본어 아이우에오**

초판 1쇄 인쇄일   2006년 2월 20일
초판 1쇄 발행일   2006년 2월 25일

지은이 • 임명수 • 하야시토모코
펴낸이 • 박영희
표   지 • 정지영
편   집 • 정지영
펴낸곳 • 도서출판 어문학사
132-891 서울시 도봉구 쌍문동 525-13
전화 (02) 998-0094 | 팩스 (02) 998-2268
E-mail : am@amhbook.com
URL : 어문학사
출판등록 : 2004년 4월 6일 제7-276호

인지는
저자와의
합의하에
생략함

ISBN 89-91222-34-x   08730

가격 **4,800**원

• 잘못된 책은 교환해 드립니다.